# Amppari

Tankaa, lavarunoutta ja sanasotaa

© 2019 Anneli Kivelä – Taitto: Mira Andrejeff
Kustantaja: BoD - Books on Demand,
Helsinki, Suomi
Valmistaja: BoD - Books on Demand,
Norderstedt, Saksa
ISBN: 978-952-3183667

# Amppari

Tankaa, lavarunoutta ja sanasotaa

*Anneli Kivelä*

# Amppari pitää sisällään:

Kaalisalaatti

Nokkospestoa

Apilankukka

Kesäinen päivä

**Tankasatua**

Sadun Tuhkimot

**Lapsuuteen matka**

Mökkimatkalle

**Aakkostellaan**

Pankaa parastanne

**Luontoa luonnollisesti**

Kyllönjoen kauneudelle

Sunnuntaisella retkellä

**Lavarunoutta**

Hiertävä kivi

Mattopyykillä

Kaihipotilas


**Pojan muistolle**


**Syksytankaa 2019**

# Einoleinona tankailin

# Pälkäneen lumme

Lumpeen kukkanen,

oli Luopioisissa.

Kukko lensi pois

kuntien liitoksessa,

Pälkäneen vaakunasta.


Pälkäne nimi

on yhteenliittymässä.

Kukkiajärvi

Luopioisten helmenä.

Pälkäneellä aapinen.


Medelplan veisti

Isonvihan aikoihin

puulle kirjaimet.

Katekismusaapisen

tekijä Pälkäneeltä.


Aapisen kanteen

kukko siihen piirrettiin.

Tuuliviireissä

sekä Aapiskukossa

kukko kukkoilemassa.


Valkoinen kukka

veden pinnalla kelluu.

Iso ja pieni

lumme kukkansa avaa,

iltaisin menee suppuun.


Tumppukilpailun

voittaja suunnitteli

lumpeenkukkasen.

Kunnantalon seinällä

lumpeenkukkavaakuna.

## Mansikka-aihe

Mansikkamaassa

taimet pienet ja isot

keväällä herää.

Rönsyt pellossa lojuu,

niistä taimia saadaan.

Valkoinen kukka,

keltaista keskustassa,

hallaa ei siedä.

Harsolla peitellään ne,

musta muovi mattona.

Raakoja ensin,

vihreitä poikasia.

Punastuu kyljet.

Lintuarmeijan herkku,

pelättimet karkottaa.


Ahertamassa,

poimijat ulkomailta.

Suttisen tilan,

marjamaa laaja heillä,

myymälä aarreaitta.


*(Tankarunojen alun kirjoitin Laitikkalassa
Suttisen marjatilalla Eino Leinon päivän
Runon ja Suven illassa annetusta Mansikka ja
Lumme-sanasta 6.7.2019. Tumppu = lapanen,
kinnas, rasa, mikä onkaan mielestäsi paras
kutsumanimi?)*

# Tanka taipuu

# Katsastamaton

Kolhujen kunkku

kenen kilvetön kaara

kulkuväylällä?

Kundit kummastelivat,

kotelossa kolmiot.


Kadetti- kaaraa

korroosiossa kori,

kolhuinen kylki,

keskustelulle kohde.

Kestävä kannanotto.


Korjauttaminen

kohtuuttoman korkea

kulkuneuvolle.

Korjattuna kulkisi.

Kundit keskustelivat.


Katsastettuna

kernaasti kelpo kosla.

Kirkonkylälle

kauppakyytiläisiä

kortillinen kuskaisi.


Korttiko kuivuu

konstaapelin kaapissa?

Kuulopuheina

kastunut kolarissa,

kostuneissa kesteissä.


Kepit kädessään

kahvilaan köpöttelee

kortiton kansa.

Kannattaako kerskua

kenellekään kolhuista.


Kohta kukkia

kasvaa kaaran korissa.

Korroosiota,

koristaa kukkakori.

Kaverit kuittailevat.

# Kynät tankailee

Kumin kaveri

lyijykynä kädessä,

terä tylsänä.

Sanavyöry tulossa

nysäkynä nolona.

Kosmoskynällä

virallista tekstiä.

Aikuisten kynän

teksti ei kumittunut

lyijykynän serkulta.

Kansakoulussa

opettajalla kynä

sini-punainen.

Virheet vihkoon merkitsi,

ahkeruuden palkitsi.


Värikyniä

monta eri sorttia,

kuten piirtäjää.

Pieneen, isoon kämmeneen,

oma värimaailma.


Huopakyniä

oppikouluun ostettiin.

Värit uutuutta,

tussit niillä nimenä.

Kavereille näytettiin.

Käsialalla

oli kunniaa ennen.

Mustekynillä

kaunoa kirjoitettiin.

Oppiaine koulussa.


Povitaskussa

kuivamustekyniä,

vieri vieressä.

Minun lapsuudessani

uutuuden viehätystä.


Kynä kädessä

isolla ja pienellä.

Kuka kukittaa,

kuvaa omaa värittää.

Kynää siitä kiittää saa.

# Tanka-arvoitus

Olevaisia
osoite onkalossa,
on oksistossa.
Osaa ottaa otuksen,
oppivainen olento.


Ruskea ruho,
ripeästi rungossa.
Rento ravaaja,
ratkiriemukas ressu,
reviirissään riehakas.


Armotta aina

ajaa ahdistelijat

aikailematta.

Alinomaan ahkera,

aikoinaan arempikin.


Varjo vilahtaa,

vikkelä vipeltäjä.

Vakio vaara

valtatiet vannomatta.

Vaisu, valju valitus.


Ahmii annokset,

anteliaat antavat

armopaloja.

Asenne avautunut,

arvostetaan alati.

## = ORAVA

# Kasvit tankailee

# Aurinkokukka

Auringonkukka

kääntää päätään aurinkoon

varsista kasvaa

pitkiä ja pätkiä.

Kukat aurinkoisia.


Pitkävartiset

tukikepin vaativat,

Vanha lajike,

syyskesällä mitattiin,

pisin varsi voittaja.

Auringon kehä,

keltaiset terälehdet,

suoraryhtiset.

Hyväntuuliset kukat,

siemeniä vaalivat.


Auringonkukan

siemenet kehittyvät

kukan keskustaan.

Lintujen luomuherkku

kypsyy kuoren sisällä.


Auringonkukkaa

keltaisenaan pellolla

vierivieressä.

kypsät siemenet puidaan,

teollisuus ne säkittää.


Lintuvieraille,

säkeittäin siemeniä,

talven aikana.

Lintujen talkooväki

ruokintapaikat tietää.

## Rukiin kukkanen

Pienviljelijä,

sotaveteraanina

viljeli tilaa,

Pohjois-Pielavedellä

hevonen apurina.


Minun isäni

kylvi ruista peltoonsa,

syysviljalajin.

Lyhyt vihreä laiho,

lumen alla talvehti.


Mullassa siemen

siniselle kukalle.

Rukiin kaveri

ruiskaunokki kukkanen,

luomurukiin seurana.


Perinne ruista,

miehen mittoihin kasvoi

pitkäkortinen.

Tuuli viljaa huojutti,

sade sitä taivutti.


Pellosta kasvoi

sinisiä kukkia,

ruiskaunokkeja.

Ruis kukkaansa hoivasi,

kaitsi äidillisesti.


Einoleinossa

kuuluu ruisrääkän ääntä.

Ruiskaunokkinen

kukkii linnun laulussa,

sinikukkahalmeena.


Rukiin kukkaset

lapsuudesta muistona.

Isän silminä

katselee sinisinä

pellostani kesällä.


Itse kylväytyy

perinnekukkaseni

joutomaan multaan.

Muistuttaa lapsuudesta,

isäni ruispellosta.

# Päivänkakkara

Keltaa keskusta

Prästkrage valkokaulus,

papin kukkanen.

Papinkaulus ruotsiksi,

vulgare latinaksi.


Keltaiset kehrät

houkuttaa pölyttäjät,

pienet auringot.

Valkoiset laitakukat,

terälehtirivistö.


Rakastaa vai ei?

Yksitellen nypitään
terälehtiä.

Viimeinen vasta vastaa,

onko hän mielitietty?

# Onnen apila

Onnen osani

Odotettu osuma

ohjelmistooni.

Osuva oikovedos

omanarvontuntooni.


Nuhruinen nauha,

nahkanapit nilkussa

nallen nutussa.

Nöyryttävä näkymä,

näpsäytys neulojalle.


Nostalgisesti

niukin naukin nimeän

näköhavainnot.

Nopeammin nimetyt

noteeraan niteistäni.


Expertti empi,

elastinen extraus.

Elämänkerta-

esseessä epistolaa.

Energinen emäntä.


Nykyään näkee

netistä nopeammin.

Nuorempi väki

neuvoo näkemyksiään,

noviiseja nuuduttaa.


Apilapelto,

aidattu avoin ala,

aarin alue.

Ampiaisten aitio,

ainoat amiraalit.


Pilvipoutainen

puuhakas perjantainen

päivä puolessa.

Perhosparvi pyrähtää

perennapenkistä pois.


Idioottiset

itikat inisevät.

Ilman ideaa

istutan iisoppia,

ilmassa idylliä.


Lämmin lounainen,

lauhkean leudontava.

Laventeleja.

Lisääntyneet liiaksi,

leikkaan lyhyemmäksi.


Alun alkaen

aiemmin apiloissa

ampiaisia.

Arkailivat aiheetta,

armoa asenteissa.

*Alkukirjaimista tulee sana **ONNENAPILA***

*15.6.2019*

# Kaalisalaatti

Naapurissamme,

marjatilan pellossa

kaalit kerineet.

Salaattiin kilon verran

raastettuna laitetaan.


Luomuporkkanat,

neljä, viisi riittävä.

Raasta porkkanat,

sekoita kaalin kanssa.

Desi rypsiöljyä.


Sekoita niitä,

öljy pehmentää sitä.

Ota kattila,

mittaa vettä liemeksi

kolmisen desilitraa.


Kuumenna vettä.

Ruokalusikallinen

karkeaa suolaa,

lisätään sokeria,

etikkata loraus.


Kaada raasteeseen

kattilan lämmin liemi.

Sekoita hyvin.

Sopii valkosipuli,

pari kynttä purista.

Lasipurkkeihin

salaatti valmistumaan.

Muutama tunti,

kunnes herkku on valmis.

Säilyy kylmässä viikon.

*9.10.2016 (öljynä käytän luomurypsiöljyä)*

# Nokkospestoa

Pestoa varten

kerää nokkosen latvat

aamupäivällä.

Reilusti kolme litraa,

huuhdo ja valuta ne.


Poista nitriitti

kolmen minuutin verran

ryöppäämällä ne.

Kaada vesi, valuta,

huuhdo ja litistele.


Yleiskoneeseen

pestyjä siemeniä

auringonkukan

pari desiä laita.

Ruususuolaa lusikka.


Saksi nokkoset.

Reilu pari desiä

rypsiöljyä,

kotimaista luomua.

Tilkka mauste-etikkaa.


Valkosipuli,

pari kynttä purista,

makua antaa.

Sekoita kaikki hyvin

useaan kertaan vielä.


Lasipurkkeihin

purkita nokkospesto.

Laita viileään.

Säilyy hyvin viikkoja,

levitteenä leivälle.


(*Pidetty lahja ystävilleni.*)

# Apilankukka

Kasvioppaassa

kaksitoista lajia

apilan sukuun

Suomesta on löydetty.

Tutuin puna-apila.


Kukissa mettä,

kimalaisten herkkua.

Perhosiakin

apilassa lentelee,

kärsällä mettä imee.


Kolme lehteä

apiloissa yleensä.

Onnen apila

useampi lehtinen,

joskus saattaa löytyä.


Luonnon oikkuna,

sattuman sanelemaa

lehti poimitaan.

Harvoin neljää enemmän

lehtisormia löytyy.


Moni lehtiset

matkivat apiloita.

Rikkakasveja.

Kuiva apilanlehti

onni arkistoituna.

Odelmikossa

kasvaa apilanlehti.

Äpärepelto,

kesän jälkisatoa,

kun heinä on niitetty.

## Kesäinen päivä

Korkeapaine,

kalenterikuukausi

kesäinen kuudes.

Kuivalla kasvimaalla

kastelua kaipaavat.


Ekologinen

etevä episodi.

Emämunaus

ennustaa esikolle

etäistä empatiaa.


Salaatinlehden

suurisuinen sammakko

siemaisi suuhun.

Suuntasi salavihkaa

somasti saniasiin.


Äkämä äityi

ärjyvältä äijältä

äkkinäisesti.

Äkkiä änkesivät

äimällä äkämätä.


Irma inhoaa

itikoiden ininää.

Isäntäväki

istuttaa ikikukkaa,

immuunit ininälle.

Naatit nuutuvat

nauriissa nopeasti.

Nippu nauriita,

nautinnollinen nami,

Nasta nekku Niilolle.


Esteettömästi

etanaepisodi

ehtii edetä.

Elastinen epeli,

eittämättä enenee.


Nokiset naakat

navetalla nuokkuvat.

Neuvottelevat,

nokilla nyökyttävät.

Nokikolari noituu.

*Alkukirjaimista tulee sana* **KESÄINEN**

# Tankasatua

## Sadun Tuhkimot

Satu Kiinasta.

Keisarin dynastiaa

siellä eläneet.

Yhdeksänsataa vuotta,

Kristuksen syntymästä.

Tuhkimon kenkä,

sopi vain pieneen jalkaan.

Totuuspohjainen.

Naisen jalka sidottiin,

alistettiin kipuihin.

Matkan varrella,

satu muutti muotoaan.

Pienen kengän sai

Basile`n Tuhkakissa

Eurooppaan matkatessaan.


Grimmin sadussa

Tuhkimo alistettiin

sisarkateuteen.

Kauneus peittyi tuhkaan,

äitipuoli nöyryytti.


Perrault`n satu

sisälsi lasikengän.

Olinpaikakseen

valitsi uuninnurkan,

siitä Tuhkimo nimi.


Tuhkimon jalkaan

Walt Disney on piirtänyt

lasisen kengän.

Piirroselokuvassa

sama kenkä seikkailee.


Kysytty virka

Antiikin Rooman aikaan.

Vestan neitsyet,

Pyhän lieden vartijat

Tuhkimon ikäisiä.


Vaivaa nähtyään,

prinssi sai prinssessansa.

Kiinattarien

pakolla typistetty

jalka alkulähteenä.


Monta tulkintaa

tuhkimotarinoista.

Lumoudun satuun,

aikuisten silmin luen,

satukurssin satona.


Tuhkimostani

löydän omaa minääni.

Äidin vihaamaa,

pois sysäämää minuutta.

Onnensa löytänyttä.

# Lapsuuteen matka

# Mökkimatkalle

Synnyinseudulle

heinäkuun toinen päivä

lähtö aamulla

tyttäreni autolla,

peräkärrylastilla.

Sannin ja mummin

paikka takapenkillä.

Paavo edessä,

kartturina äidilleen.

Ukki kotimiehenä.

Meidän suuntamme

Pohjois-Pielavedelle.

Ruokataukoja

ABC-asemilla.

Sää ja murre vaihtuivat.


Siivous odotti,

veden kanto rannasta,

tutut tehtävät.

Laituria keikutti,

navakka luodetuuli.


Saunan lämmitys,

mummin vakitehtävä.

Luonnon rauhassa

itikoita riesana,

inisivät korvissa.

Rakkaat maisemat,

lapsuudesta tuttuja,

muistorikkaita.

Puita kasvaa pelloilla,

hirsiladot purettu.

Mesikkamättäät

ja lillukanvarsisto

heinään hukkuneet.

Lehmänlaidun muistona,

navetta purettuna.

Hirsinen aitta,

yli satavuotias.

Harmaantuneena

tontillemme siirretty,

uudelleen pystytetty.


Parakkisauna,

ihaniin saunahetkiin.

Mummin kamari,

saunan eteistilassa,

hetekkassa petini.


Asuntovaunu,

tyttäreni perheellä.

Kuisti edessä,

peltikatos suojana,

ukin rakentamana.

Pieni liiteri,

polttopuiden varasto.

Huussi nurkassa,

vaatimusten mukainen,

yksityiseen istuntoon.


Muutama päivä

nollaa arkirutiinin.

Agrekaatilla

sähköä tarpeen tullen.

Lähteestä ruokavettä.


Koivujärvestä

kalat tarttuu virveliin.

Lapset serkkuineen

laiturilla viihtyvät.

Veneen veljeni antoi.


Lapsuus Savossa,

kotipaikka Hämeessä

vuosikymmenet.

Välissä pitkä matka

meidän lomapaikalle.


Lapsuuden pihaan,

veljeni perheen kotiin

kutsuttiin käymään.

Hevoset laidunsivat.

tutuilla tanhuvilla.


Jäi näkemättä

suopursujen kukkaset

ja niiden tuoksu.

Matalat vaivaiskoivut

suo-ojien varsilta.


Sanni ja Paavo

tytön perheen lapsia,

koululaisia.

Minä, mummi, mukana,

ukki kotimiehenä.


*Heinäkuussa 2019*

# Aakkostellaan

# Pankaa parastanne

Painopaikassa printattiin pesäpallopelistä
perjantaina.

Pökkelöstä pöllö pesältään pimeällä piipahti
politikoimassa.

Puolueeton peli parempi, pupu puntaroi
pöllölle.

Perhonen pyyhälsi puuttumatta peliin,
puntaroikaa pelipaita päällä.

Possuperhe puski puupökkelöä, parhaat palat
pian popsitaan.

Etana Eero erotuomarina, empatiaa
enemmistöltä.

Eerolla energiaa erheiden eliminointiin, elanto
euroineen esiintymisestä.

Esteettömyyttä ehtivät eilen ehtoolla esiintyjät
ehdottaa, empijät eritoten.

Erakkona elänyt eksyi ehtoolla etapistaan.
Elinpiiri ennestään etäällä erämaassa.

Etanan eno esimiehenä ennustajille.
Epävakaata eteläistä enteilee.


Liikuntaan lakisääteinen lauantai, lausui
liikuttuneena lammas.

Lintu lohkaisi, levätkää Lapin lentomatkalla.
Luoteesta leutoa luvataan.

Lähetän lurjukset Luostolle, laihdutte
louhikossa liikkuessanne.

Lukkiutukaa lukaaleihinne loruilemaan,
lohkaisi lammas Länkkäriin liimautuneena.

Luntatkaa lanketeistanne liiton laatimat
liikuntalomat.

Ilmiannan illanistujaisissa imitoineet ilvehtijät.

Ikkunasta ilkuitte illalla isännälle iskevästi, itikoiden inistessä.

Intätteko itseltänne ilmaiset illalliset?

Idealisti Inkoosta innostaa Internetissä imitaattoreita.

Ihailijat ikuistivat imarrellen iltaiset infot.


Pintapuolista panettelua, parhaimpiinsa pukeutunut piisami pyysi puheenvuoroa.

Pelkistätte perjantaisen pelin pahoin, päätteli päästäinen.

Pelipaita pieneksi päässyt, puristaa peräpuolesta, pohti pelipäällikkö.

Palokunnasta pitää pyytää parhaat pelaajat paikalle, penäsi palokärki pelaajaporukkaa.

Puolipakolla puheenjohtaja pupu
palautteessaan piirsi pallon päälle pokaalin.

Alpo-ampiaista ahdistaa, ambulanssissa
antaneet alkuun apua.

Aggressivisuuteen Asperiinia aamuisin
ampiaiselle.

Aloeveraa angiinan alkuoireisiin apuhoitajalta.

Ambullilla annosteleminen aiheutti angstia.

Aukiolla apteekki avoinna arkisin aamusta
alkaen.

Itikka inisi idioottisesti. Isottelusta illalla
inspiraatio, ilveili inistessään.

Ilmassa ilmiömäistä iskukykyä. Inssiajo
innosti iäkkäitäkin improvisoimaan.

Iltaisella ilkoalasti istutaan innostuneena ilta-
auringossa.

Irma-itikka ikävissä itkee iso-isäänsä.

Itä-Suomessa isommat itikkaesiintymät, Irma innostui ilmoittamaan.


Tartuntatauteja tavallisissa tyhjissä tölkeissä.

Tulkkaus tarpeen tuntemattomalle tekstille. Tullattavat tekstiilit tuontitavaraa.

Talitintti tirkisteli tuvan takana, tali talviateriaa.

Tammessa tusina teiniterhoja. Tippuvat tantereelle tuonnempana.

Timotei tuuleutuu tienvarsilla, täsmällinen tämänhetkinen tieto.


Alpo ahmi alati appelsiinia apeana aamiaiseksi.

Aamukastetta aikalailla apilaisella alaniityllä.

Aikamerkki antaa armoa ajolähtöön. Ankeata
ajankäyttöä alustalaisilla.

Aurinkoisena aamuna Alpo Amerikan
aarrearkullaan aitanylisillä.

Avusti aikoinaan arvostettua amerikkalaista
aviisia artikkeleillaan.

Peli perjantaiksi päätetty, pupu pinkaisi
pesälleen poikasiaan paimentamaan.

Pellavapellon poikki polkeutui polku
Pupulaan. Pääsi pikemmin päivällispöytään.

Pikkuvarpunen pyrähti pelästyneenä pesästään,
pesä pihlajassa piilossa.

Pöllön pienin poikanen pökkelössä parkuu,
pitkä paasto pahaksi.

Peltomyyristä pulaa, potra poikanen pilkistelee
päätään pyörittäen.

Ilves ilmoittautui itse ilmiantajaksi illallisesta ilkiteosta.

Intti itsekseen ihannoivan idyllistä ironiaa.

Ihmeellisiä ilkkujia ikimetsäläiset, illastavat itsenäisesti.

Italiansalaattia inhoan, ihmisten illallista, ilmaisi ilves.

Irvisteli isoilla ikenillä ikihonkaa ihaillessa ilman illallista.


Eetu-etana, Eeron enopuoli, empii.

Ennusteilla ei elä, euroja enemmän eläkkeestä.

Ensitöikseen etelästä ennustivat enon elämälle eloisia ehtoopäiviä.

Eunukkina elänyt, empatiaa enolle.

Ennakoimatonta, evoluutio etenee etanoillakin.

Nähkääs nallet, nälkä nukkuessa nuuduttaa.

Nelinkontin nousee nuuhkimaan nurkasta.

Nurkumatta nostaa nenäänsä niskoittelematta.

Nalle näki nukkuessa nostalgisesti nauttimassa
nugetteja.

Naalia nukkuminen näköjään nolostuttaa.

Idästä ilkeimmät ilmat. Ilmasto,ilmatieteen
impulssi.

Itsekkäästi ilmoitan, istutusilmoja idätetyille
istukkaille.

Ihana ilta illanistujaisväelle, itselleni
istutuksissa ikeenalainen.

Iskostun iltaruskoa ihailemaan. Ilkiäisinkö
istuttaa ilkosillaan?

Ihmettelisivät irrottautumistani. Iltapuvut
ihonmyötäisiä.

*Alkukirjaimista tulee sana*
**PELIPAITA PIENI**

# Luontoa luonnollisesti

# Kyllönjoen kauneudelle

Hämeen äidin helmoissa katselemme luonnon
kaunista joenuomaa, Laitikkalaa halkovaa
Kyllönjoki-kaunotarta ohiajavat katselkaa.

Pinteleen puolelta jokea reunustavat rehevät
pensaistot, aukeat viljavat vainiot joen uomaa
suojelevat.

Kaksi siltaa Kyllönjoella, uudempi kantatiellä,
vanhempi Kyllöntiellä.

Joen mutkan jälkeen viidakon henki vastaan
tulvahtaa. Kauniit saunat ja mökit rannalla
peilailevat sen uomaa.

Monet tyrskyt aaltoineen rantaviiva
vastaanottanut, kiviä vasten laineet
rauhoittunut.

Joen uoma suuri luonnon arvoitus,
tekosaarineen salaperäinen taideteos.

Pienet virtaukset vesipyörteineen hiljaa
kuiskivat reitiltä poikkeavalle pinnan alla
piilevistä kivistä ja karikoista.

Maiseman katselu vie silmät pinnan alaisista
vaaroista. Turvallisuus lähtöisin veneen
kuljettajasta.

Joenuoma kätkee syvän hiljaisuuden, luoden
ylleen lumouksen kiireisen ohikulkijan
mieleen. Veneilijän pyytää unohtamaan
kiireen.

Viidakkoa muistuttavan Kyllönjoen kesäisen
kauneuden näkee omin silmin.

Joensuussa tervehtii Ilmoilan Köyrinlahti
ensin.


Sen historia ulottuu kauas viikinkiaikaan,
silloin olivat Kyllönkosken karikot kapeat
uomineen.

Kauppiaskansa lipui draagilaivoineen,
arvokkaine soopelin turkissaaliineen.

Kiiltonäätä, nois- nimeltään oli arvossaan,
nahkalla sai maatalon ja hevosen suitsineen.

Saiko surmansa tuhat luvulla kuuluisa viikinki
Egil Kyllönkoskessa, puolen sadan talonpojan
Kyllönkoskea puolustaessa?

Tieto löytyy kiveen hakattuna, Ruotsin
Uplannissa Riimukivi muistoksi pystytettynä.

Viikinkimiekka löydetty Alvettulasta, Egilin
aikaan ajoitettu tutkimusten tuloksista.


Myllyt jauhoivat vedenkorkeuden mukaan,
lupia anoivat talolliset korkealta taholta,
viimeksi kuvernööriltä rakentamiseen.

Koljonen kuuluisa mylläri ammoisessa
Kyllönkoskessa, alkuperäinen koti Karkun
Ketunkylässä.

Anoi sillanpieleen, Koiton kaupan rantaan,
Hämeen läänin Kuvernööriltä lupaa
Tullijauhomyllyyn.

Anomuksessa myllyssä olisi kolme paria kiviä,
yhdellä jauhaisi ryyniä.

Anomus tehtiin aikakauden viimeisten
vaatimusten mukaan. Siitä lankesi lupa
rakentaa vesiputous ja mylly aikanaan.

Kyllö nimenä juontaa kalastusverkkoon,
kullenuottaan. Viestii entisaikojen runsaisiin
lohisaaliisiin. Kalaisaan siika-apajaan.

Kyllöön anottu lupia ruoppauksiin, viralliset
anomukset menneet Venäjän vallan aikana
Keisarilliseen Senaattiin.

Viimeisimpään monen rahamassia tarvittiin,
kartanoiden isännistä, talonpojista, senaattiin.

Koljosen mylly purettiin,Kyllösillan kohtaa
padottiin, vaikka mylläri valitti päätöstä, ei
huomioitu valitusta.

Nykymuotoon Kyllön uomaa ruopattu, silloin
1800- luvun viimeistä vuosikymmentä
Laitikkalassa eletty.

Kyllön vanhaa puusiltaa jouduttu uusimaan,
painorajoitusten mukaan siitä sallitaan
liikennöimään.

Uutta betonisiltaa pitkin kulkee vilkas liikenne
omia menojaan, joen uomassa vaihtelee veden
korkeus vuoden ajan mukaan.

Talvella sulapaikat pakkasjaksolla ennustavat
lauhtuvaa. Pakkasellakaan jää ei kestä joen
ylittäjää. Sulapaikasta arka saukko pilkistää,
hetkessä avoveteen sukeltaa.

Joutsenten ja koirastelkkien ilmestyminen
Kyllön sulattamaan Pinteleen ja Joensuun
avoveteen kuiskii talven selän taittuneen
kevääseen.

Koiton entisen kaupan rannassa, kyläläisten
yhteisellä mattolaiturilla, saa pestä tynnyreissä
seisten ja huuhtoa mattonsa virtaavassa
vedessä.

Laiturilla kiire hukkuu virran pyörteissä.
Lehtotyyppinen puusto rehevöitynyt

ajansaatossa. Rinteessä rantasaunan
raunioitunutta kivijalkaa, saunanpesästä osia
ruosteessa.

*Alkulähteenä: 1990-luvun alkuvuosina poikani*
*(Jani eli vv. 1975-1993) moottoriveneen*
*kyydissä kokemani Kyllön viehätys.*

*Anneli Kivelä : Laitikkalassa laadittu*
*Pälkäneellä päätetty- omakustanteesta*
*historiatiedot.*

# Sunnuntaisella retkellä

Kivenheitto juhannukseen. Kissalammin yksi
rannoista saunoineen, ojentaa napakympin
kasvikattauksineen.

Vesirajassa kukkivaa keltakurjenmiekkaa,
pätkän saunarantaa reunustaa.

Terttualpin keltakukat lainailevat
pajunkissojen kukintaa, lehdet maitohormalta
matkintaa.

Myrkyllinen leinikki saanut levittäytyä,
keltaisten terälehtien varistua, vihreitä
pähkylöitä alkaa varsiin ilmestyä.

Rannan tervalepillä ikää, rungoilla paksuutta.
Heinikossa taimea uutta.

Koiranputki sarjakukkaisena, vuohenputken
hyötyvihanneksena.

Järviruokot ja kortteet rannalla puolensa
pitävät, leveäosmankäämit liuskaisia lehtiään
esittelevät.

Niittyhumala ja kultapiisku nuppuineen,
ratamosarpio nuppuvanattomana lehtineen.

Puna-ailakkia jouduin tunnistamaan tovin,
ulpukka lapsuudesta tuttu kovin.

Kypsistä vihreistä siemenkodista sai leikkeihin
possuja, tikuista mahan alle jalkoja.

Mesiangervo panttaa kukintaa, parhaiten sen
levittäytyvästä tuoksusta tunnistaa.

Tuomion pasuunat kaikuvat jättibalsameille,
rukkaset kädessä niitä kiskoessani ei kolahda
omalle tunnolle.

Voikukanlehtiä kitken hyötykäyttöön kanoille,
lehtivihreät antavat väriä ja makua munille.

*Tunnistamisessa apurina Lasse J. Laineen*
*Suomen Luonto, sekä Uusi Värikuvakasvio*
*kuvina. 16.6.2019*

# Lavarunoutta

*Lavarunouskurssin satoa opettaja Mia Lempisen opein syksyllä 2019 Valkeakoski Opistosta Pälkäneen Haaloukkaan talosta. Opettajan ohjeen mukaan kirjoitimme kymmenen lausetta ja siitä opettaja ohjeisti valitsemaan noin viisi lausetta runomuotoon.*

1. Kiven kovaa väittää puolikypsä kiivi nähneensä ihmeitä.
2. Tampereella kiikaroitu Uuden –Seelannin kiivilintu ilmalaivassa kivi taskussa.
3. Kesäyönä kiivi matkusti, lentokyvytön yöeläin kun on.
4. Kiivi kurkki ilmalaivan ikkunaluukusta. Anna Kivi löysi kiivin pudottaman siipeä hiertävän kiven ja laittoi sen taskuunsa.
5. Kiivi on hedelmistä ainoa, joka välttelee kiivi lintuja, kun ne ovat niin nokkavia.
6. Kiivi odottaa kaveritapaamista hedelmäkulhossa.
7. Malttakaa kypsyttää meidät mehukkaiksi, raakana me olemme raakamaisia.

8. Uudesta- Seelannista turistina tullut kiivi nokkaisee Suomeen matkannutta kiiviä ja toteaa sen olevan raakileen.

9. Taivaalla lentää pilvien lomassa ilmavaivainen ilmalaiva kivitasku kyydissä.

10. Syksyn halla palelluttaa kiivin, kiivillä on kiire Uuteen- Seelantiin munimaan isoja munia ja Etelän maihin talveksi lähtöä tekevän kivitaskun lentobiletti pian vanhenee.


Kohdat 2., 4., 8., 9. ja 10. tankana seuraavalla sivulla.

# Hiertävä kivi

Tampereen yllä
Kiivi ilmalaivassa.
Uutiskynnyksen
ylitti ventovieras
Uudesta –Seelannista.

Uteliaana
nähtävyyksiä katsoi.
Tuliaiskivi
ikkunasta putosi,
Anna Kivi sen poimi.

Ilmalaivassa
turistina lensivät
kiivi kiivineen.
Matkaeväät ruumassa,
nälkä pitkänokalla.

Matkustajaksi
pummilla kivitasku,
kyttää kyytiä.
Ilmavaiva laivassa,
kiivit ylilastia.

Koti-ikävä
koko konkkaronkalla.
Kiivit kypsyvät.
kivitaskulla vilu,
kivittävät toisiaan.

*(Anna Kivi- klovni nimeni*
*Syksyn 2019 kirjoitusläksynä lavarunoutta.)*

# Mattopyykillä

Ihanan puhdas vastapesty räsymatto,
vettä valuva raskas paino.

Nailonsukassa saippua niljakas,
muutoin kourassa liian liukas.

Juuriharjassa mäntysuopa tuoksuu,
pyykkäri harjaa ripeästi heiluttaa.

Helmat melkein kuin uppotukit,
märät saippuaiset tietty ovat.

Direktiivi laimensi mattopyykin suopaa,
saa kutsua hellästi nimellä- mäntysaippuaa.

Moni pyykkäri ostaa sitä muovipulloissa,
myydään vielä paperikääreessä tankopaloissa.

Keskustoihin rakentaneet pyykkäreille
pesupaikkoja,
näin EU- Suomessa suojellaan vesistöjen
rantoja.

Orrella sadetta uhmaavat kuivuvat matot,
mäntysaippua sukupolvien yli vienyt voitot.

Olen saanut muisteluita pula-ajalta tallentaa,
jolloin teurasjätteestä livekiven kanssa
keitettiin saippuaa.

Muotiin kotitekoiset saippuat uudelleen tulleet.
Saippuantekokursseihin innokkaat
osallistuneet.

*18.9.2019*

# Kaihipotilas

1. Silmissä kaihit,

väriltään harmahtavat,

perinnölliset.

Mykiöt sameutti

ohuella verholla.

2. Piti kypsyä

omissa oloissaan,

ajan saatossa.

Harmaantua silmissä,

näkökyvyn heiketä.

3. Silmälääkäri,

kaihipolin Taysissa

leikkauspaikaksi

lähetteeseen kirjoitti

julkiselle puolelle.


4. Pelonsekaista

oli odotusaika,

yövalvomista.

Vapaaehtoistyöpäivät

vilisivät silmissä.


5. Arvioaika

lokakuun loppupuoleen

leikkausjonossa

lunasti lupauksen

päiväkirurgiassa.


6. Pelko hälveni

leikkaussalin tuolissa

pitkin pituuttaan

liikkumatta paikallaan

kasvot huputettuna.


7. Oikea ensin,

vaikeampi tapaus

haukkasi aikaa.

Vasen puhdistettuna

odotti vuoroansa.


8. Ei toista silmää

leikata tällä kertaa,

kuulin sanovan

operoineen lääkärin

teippejä poistaessa.


9. Kynä kädessä

seuraavana päivänä

tankailemassa.

Mykiö sameana

hakee omaa paikkaansa.


*22.10.2019*

# Pojan muistolle

# Pojan muistolle

Laitoin poikaani matkalle

asettelin vaatteet tuolille.

Matkaliput pöydälle valmiiksi

hänen katseensa tulkitsin väsyneeksi.

Käy kunnialla koulusi,

älä aiheuta murheita äidillesi .

Hyvää yötä, sanoin,

jälkeeni ovella katsoin.

Sammuta valot, kuulin. Ne sammutin.

Aamulla häntä koulumatkalle herätin.

Aamuyöllä hän päätti toisin.

Liian vaikeaa sitä näkyä unohtaa,

vaikka sen haluaisin.

*(10.9.1993 tapahtumista kirjoitin Valkeakoski Opistossa luovan kirjoittamisen kurssilla 2014.)*

# Syksytankaa 2019

# Syksytankaa 2019

Kesän satoa

pakastettuna

ja kellarissa.

Kastelulla kasvoivat

hyvän sadon tuottivat.


Yhdeksästoista

syyskuuta nurmikolla

kuuran jälkiä.

Yöhallan vierailuja

sääpäiväkirjassani.


Poikkeuksellinen

säätieteellisesti

termisyydellään.

Lehtipuut verhoutuivat

monivärisyydellään.


Värimaailma

Pälkäneen korkeudella

omavarainen

syys-lokakuun vaihteessa

hanhien muuttaessa.


Roppakaupalla

syysmaalari sivellyt

rivakkaan tahtiin

viikon neljäkymmentä

luontohavainnoissani.

Sateista säätä,

aurinko piilottelee,

pohjavesi alhaalla.

Vihreää levää kelluu

Kissalammin rannoilla..

Ruska kaunista.

Haavoissa tulen värit,

kelta-oranssi.

Sääpäiväkirjassani

usein toistuu ihailu.

Kesä ja talvi

poikkesi tilastoista

tänä syksynä.

Termiset vuodenajat

Suomessa samaan aikaan.


Sääpäiväkirjaa

yli kaksikymmentä

vuotta pitänyt.

Päiväkirjaan kauemmin

luonnosta kirjoittanut.


Taipuu tankana

meteorologia.

Syksyn tuulessa

lehti puusta varistee.

Valoisuutta vähemmän.

Tänään kirjoitan

auringon paistaessa.

Alastomuutta

puissa sekä pensaissa.

Ilmastossa muutosta.


Lapissa talvi,

säätiedotteista kuultu.

Meillä syyskesä.

Puolen päivän jälkeen on

yhdeksän plus-astetta.


*23.10.2019*

*(Vuosi sitten 23.10. illalla kuoli kotona*
*luonnollisen kuoleman 21v. 5kk vanha Wilma-*
*kissamme munuaisten lopetettua*
*toimintansa. Muistokuva on edelleen pöydällä*
*ja kotipihalla kuusiaidan vierellä on kissamme*
*hauta kukkineen. Samana päivänä sain tietää*
*Kangasalla silmälääkäriltä näköni*
*heikkenemisen johtuvan molemmissa silmissä*
*kasvavista harmaakaihista.)*

## Terveiset lukijoille kirjan kirjoittajalta

Amppari, lavarunoutta, tankaa ja sanasotaa avautuu lukijoilleni luontoläheisenä. Pälkäne juhli paikkakunnan kuuluisuutta Medelplania, aapista on käsissään pitäneet lukijat, lumpeenkukka on pitäjän vaakunassa, siinä roppakaupalla runooni sytykkeitä.

Kotitarveviljelijänä tarkkailin kesäkaudella kasvien kehitystä ja kokeilin miten ne tankana taipuvat. Luontoa luonnollisesti osiossa katselen ja muistelen Kyllönjoen vehreyttä historian ja omien muistojen siivittämänä. Kodin lähellä retkeni Kissalammin rannoille kesällä runon syntymisen aikaan antoi aineksia lukijoilleni luonnon yltäkylläisyyttä. Eläimet ansaitsivat oman sanasotansa. Uutuutena Luovan kirjoittamisen opinnoissa lavarunous tuonut uusia tuulia.

Valkeakosken Opiston aikuisten satukurssilla Tuhkimosta löytyi tankaankin omat rivinsä. Lapsuuden maisemiin sijoittuu rakkaat muistot, miksikä nekin eivät japanilaislähtöisenä tankana Savoon sopisi, vaikka olen juurtunut rehelliseen syvällisesti pohtivaan hämäläisyyteen. En ole unohtanut matkalla väsähtänyttä autovanhusta suurella kunnioituksella. Itsekin vanhuus kolkuttelee silmissä kaihin muodossa. Halusin paikan kirjani sivuille myös äidin ikävästä kertovasta runosta, jonka sanoma on muuttanut muotoaan kaipaukseksi vuosikymmenien aikana.

*31.10.2019 Laitikkalassa Anneli Kivelä*